# ÉLOGE

DE

# PAUL BROCA

Lu à la séance annuelle de la Société anatomique
le 11 février 1881.

PAR

**Ch. MONOD**

CHIRURGIEN DES HOPITAUX
PROFESSEUR AGRÉGÉ DE LA FACULTÉ DE MÉDECINE
VICE-PRÉSIDENT DE LA SOCIÉTÉ ANATOMIQUE



PARIS
IMPRIMERIE VICTOR GOUPY ET JOURDAN
71, RUE DE RENNES

1881

# ÉLOGE

DE

# PAUL BROCA

**Lu à la séance annuelle de la Société anatomique le 11 février 1881.**

PAR

**Ch. MONOD**

CHIRURGIEN DES HOPITAUX
PROFESSEUR AGRÉGÉ DE LA FACULTÉ DE MÉDECINE
VICE-PRÉSIDENT DE LA SOCIÉTÉ ANATOMIQUE

PARIS
IMPRIMERIE VICTOR GOUPY ET JOURDAN
71, RUE DE RENNES
—
1881

# ÉLOGE DE BROCA

Messieurs,

J'ai été averti, il y a quelques jours, que le Bureau récemment élu de la Société anatomique avait chargé l'un des vice-présidents sortants de prononcer aujourd'hui, dans votre séance annuelle, l'éloge de notre illustre collègue Broca.

Cet honneur m'est échu. J'aurais pu le décliner et laisser à un autre, plus digne et plus capable, le soin de vous rappeler le rôle considérable que Broca a joué parmi nous.

Je n'en ai rien fait. J'ai accepté au contraire avec empressement, malgré le peu de temps qui m'était laissé, et malgré mon insuffisance, cette occasion de donner publiquement à mon excellent maître un témoignage de bien profonde, et, permettez-moi de le dire, de bien affectueuse estime.

Interne de Broca pendant dix-huit mois, associé ensuite à son enseignement, d'abord comme aide de clinique, puis comme chef de son laboratoire, appelé plus tard par lui à le remplacer à diverses reprises dans son service, honoré de sa confiance et d'une amitié dont il m'a donné de précieux témoignages j'avais le droit et le devoir, comme on me l'écrivait de votre part, de ne pas reculer devant la tâche qui m'était imposée.

Vous n'attendez cependant pas de moi un éloge académique.

D'autres vous ont dit, et mieux que je n'aurais pu le faire, la vie et l'œuvre de cet homme excellent, de ce chirurgien instruit et ingénieux, de ce savant dont le nom est une des gloires de la France. L'Académie et la Faculté de médecine, la Société de chirurgie et la Société d'anthropologie, l'Association française pour l'avancement des sciences, le Sénat, enfin, dans lequel Broca, à peine élu, venait de marquer sa place, ont proclamé à l'envi, par la voix de leurs membres les plus éminents, l'universelle douleur causée par sa mort.

On a rappelé, autour de cette tombe ouverte trop tôt, le vaste savoir et la belle intelligence de celui que nous pleurons; son travail opiniâtre et si extraordinairement fertile; la fermeté de son caractère et la sûreté de son commerce; cette passion de justice et de vérité qui ne souffrait aucun tempérament; la puissance de sa parole, qui, si parfois elle manquait un peu d'aisance, était toujours claire et allait droit au but; enfin la sévère beauté de son style, qui arrivait à l'élégance par la sobriété.

Les uns ont vanté ses aptitudes chirurgicales, contestées à tort, et dont il a donné tant de preuves; d'autres cet amour de la science pure, qui nous a valu cette quantité prodigieuse de travaux tous importants; celui-ci ses qualités d'organisateur qui faisaient de lui à la Faculté et dans toutes les sociétés dont il fit partie, un membre utile, dont le concours, toujours prêt, était toujours recherché; celui-là ses vertus politiques, son amour de la patrie et de la liberté; tous son esprit de dévouement, son désintéressement, sa bonté, sa haute probité, qui forçaient l'estime même de ses adversaires.

Seule, la Société anatomique n'avait pas encore pris part à ce concert unanime. Elle n'a pas voulu, du moins, que cette séance solennelle, la première qui nous réunit tous depuis la mort de Broca, se passât sans que l'un de nous vînt lui apporter un juste tribut d'admiration et de regret.

Et certes, s'il est un lieu où retentisse encore la voix de Broca, c'est bien cette petite chambre, où, si longtemps, il fut sur la brèche, apportant ici, de semaine en semaine, de précieux matériaux de travail, provoquant la discussion, s'y jetant lui-même avec sa verve et son bon sens, contribuant ainsi, avec quelques amis ses émules, qui devaient bientôt, comme lui, devenir des maîtres, à donner à notre modeste société un éclat qu'elle n'avait jamais connu.

Elu membre adjoint en 1847, titulaire en 1849, Broca fut dès l'année suivante secrétaire, et un an plus tard président de notre Société (1850, 1851). La lecture même de ces dates, si rapprochées l'une de l'autre, montre la place qu'il avait du premier coup prise au milieu de nous. Dans les années qui suivirent, bien que ne faisant plus partie du bureau, il n'en resta pas moins un des membres les plus zélés de la

Société, et l'un des plus assidus à nos séances. Jusqu'en 1868, époque à laquelle il est nommé membre honoraire, c'est-à-dire pendant plus de vingt années, nos bulletins portent la trace de sa présence parmi nous. Tout récemment encore, dans les dernières années de sa vie, il se plaisait à revenir de loin en loin au milieu de ses jeunes collègues, toutes les fois que, dans ses recherches anthropologiques, il avait trouvé un point qui lui paraissait particulièrement digne de notre intérêt.

C'est qu'il n'oubliait pas que la Société anatomique avait été le théâtre de ses premières luttes scientifiques et comme le berceau de sa brillante carrière.

On voit en effet, en parcourant la liste de ses nombreuses présentations, qu'il nous avait donné la primeur de la plupart des travaux qui ont illustré son nom.

Citons au hasard, et parmi les plus célèbres, ses recherches sur l'*arthrite sèche*, sur l'*anatomie pathologique des pieds bots*, sur la *pathologie des cartilages articulaires*, sur le *développement des os*, sur le *rachitisme*, sur le *cancer et sa définition histologique*, sur les *lésions de la cataracte*, et enfin sur la *localisation de la faculté du langage*.

Je ne puis tout dire. Le simple relevé de ses communications remplirait plusieurs pages. J'en ai fait le compte. Elles s'élèvent à plus de 250, et portent sur les points les plus divers de l'anatomie normale, de l'anatomie pathologique et de la tératologie.

Ce sont tantôt de courtes descriptions des pièces qu'il mettait sous les yeux de ses collègues; tantôt des notes plus étendues qu'il rédigeait à loisir et dont il venait nous donner lecture; ou bien, enfin, de longs mémoires où il résumait sous une forme didactique les résultats auxquels l'avait conduit l'étude de ses préparations.

C'est ainsi qu'en 1850, à la fin du rapport général dont il avait été chargé comme secrétaire annuel, il traçait, à l'aide des nombreuses observations recueillies par Deville, par lui-même et par bien d'autres à leur suite, une histoire de l'arthrite sèche, qui sera toujours consultée avec fruit.

L'année suivante, il condensait de même en quelques pages ses recherches sur le pied bot, combattant vigoureusement et par des faits précis les théories de M. Jules Guérin sur la pathogénie de cette affection.

En 1852, un an plus tard, paraissait dans nos bulletins son fameux mémoire sur le *rachitisme*, qui fut couronné par l'Académie des sciences. Une note du secrétaire, insérée au bas de la première page de ce travail, rappelle qu'il repose « sur l'examen d'un grand nombre de pièces mises pendant l'année, par M. Broca, sous les yeux de la Société anatomique. »

Ces quelques exemples suffiraient à montrer la méthode suivie par Broca dans son active collaboration aux travaux de notre Société. Plus qu'aucun autre, il travailla à la faire entrer dans la voie féconde où elle marche encore aujourd'hui.

Jusqu'à lui, et les rapports annuels reflètent bien cette tendance, la Société anatomique se contentait d'accumuler de riches éléments de travail, sans chercher à tirer des faits nombreux qu'elle observait, l'enseignement général qui pouvait y être contenu.

Le compte rendu des travaux de la Société n'était le plus souvent qu'un aride exposé de toutes les communications faites dans l'année, où si l'on y trouvait parfois, suivant l'expression de Broca, « des éclairs de raisonnement scien« tifique, destinés à en rendre la lecture supportable, ils « étaient pour ainsi dire perdus au milieu d'une multitude « de faits isolés (1). »

Jusqu'à cette époque aussi les travaux originaux étaient rares, ou se bornaient aux rapports présentés à propos de quelques observations intéressantes.

Broca le premier rompit avec cette tradition.

Dans son rapport annuel de 1850, qui est resté un modèle du genre, il ne s'attache qu'aux faits réellement neufs, exceptionnels et controversés, et joint à l'analyse raisonnée qu'il en donne, l'étude synthétique de l'arthrite sèche que nous citions il y a un instant.

Il prélude par cet intéressant travail à cette longue série de mémoires qui devait donner à la lecture de nos bulletins un attrait tout nouveau. Le bon exemple est contagieux. Il devait en être ainsi dans une société où se donne rendez-vous l'élite des jeunes générations médicales. Aussi l'appel

(1) Compte rendu des travaux de la Soc. anatomique pour l'année 1850, par P. Broca, secrétaire. *Bulletins de la Soc. anat.*, 1850, t. XXV, p. 398.

de Broca fut-il entendu et l'on y répondit avec empressement. Les tables des bulletins en font foi. C'est à partir de 1850 qu'à la liste des *pièces* et *observations* s'ajoute celle des *travaux originaux* qui ira grossissant d'année en année. C'est à cette période qu'appartiennent les recherches de *Lebert* sur divers points d'anatomie pathologique, celles de *Deville* sur les corps étrangers du péritoine, de *Verneuil* sur les fractures du radius et sur l'anatomie des hémorrhoïdes, de *Denucé* sur les luxations du coude, de *Trélat* sur les fractures du crâne, de *Houel* sur l'hydro-encéphalocèle, de *Gallard* sur l'hématocèle rétro-utérine et de tant d'autres que je ne puis nommer. Il n'est que juste de reconnaître la part considérable qui revient à Broca dans cette subite éclosion de travaux importants.

Et n'oublions pas que je n'ai pu vous indiquer qu'un des côtés de l'heureuse influence que sa constante activité eut à cette époque sur la marche de la Société anatomique. Il faudrait encore le suivre de séance en séance, le montrer toujours prêt, toujours agissant, examinant chacune des pièces déposées sur cette table, discutant les opinions des présentateurs, les combattant souvent, leur témoignant du moins l'intérêt qu'il portait à leurs communications.

Aussi jamais nos réunions n'avaient été plus nombreuses, jamais les présentations plus multipliées, jamais notre Société n'avait atteint un pareil degré de prospérité.

Nos aînés ont gardé le souvenir de cette belle période, dans laquelle, à côté des jeunes maîtres que je nommais tout à l'heure, brillaient au premier rang des hommes tels que Lebert, Deville, Broca et Verneuil.

Certaines discussions eurent même un grand retentissement qui s'étendit bien au delà des murs de cette enceinte. La Société anatomique, sous la puissante impulsion à laquelle elle obéissait, marquait définitivement sa place dans le mouvement scientifique contemporain.

Et comment ne pas rappeler à ce propos son intervention décisive en faveur des études histologiques, qui rencontrèrent au début, en France, une si ardente opposition ?

Broca aimait à évoquer le souvenir des luttes que ses collègues et lui avaient soutenues à cette occassion, et il faisait de la victoire qu'ils avaient remportée un des plus beaux titres de gloire de notre société.

Je ne puis mieux faire que de le laisser parler lui-même (1) : « C'est au sein de la Société anatomique », lisons-nous à la fin d'un de ses rapports, sur une observation de cancer, « qu'eut lieu la première communication de M. Lebert et la « première discussion qui se soit produite en France sur ce « sujet. Au milieu du dédain qui accueillait partout les nou- « velles idées, l'histologie fut heureuse de trouver ici appui « et protection »... et il ajoutait dans ce langage élevé qui lui était familier... « C'est un souvenir qui est bien propre, « messieurs, à nous remplir de satisfaction et qui porte avec « lui plus d'un enseignement. Tandis que les corps officiels « et les maîtres les plus illustres rejetaient l'histologie pa- « thologique avec une sorte de mépris, et surtout avec une « complète unanimité, une société modeste, composée de « membres jeunes et obscurs, osait seule prendre parti pour « les doctrines proscrites... Qu'est-il arrivé cependant et de « quel côté est restée la victoire ? Vous savez aussi bien que « moi que ce ne sont pas les plus forts qui ont triomphé, et « que personne aujourd'hui ne se hasarde à nier l'exac- « titude des résultats fournis par le microscope. Tant il est « vrai que la véritable force n'est ni dans le talent, ni dans « la position, ni dans le nombre, mais dans la croyance « au progrès. »

C'est sur ce mot que je termine, Messieurs. — Broca croyait au progrès. Il estimait qu'il n'est ici bas plus noble ambition que de travailler à en hâter la marche. Volontiers il eut pris pour sienne la devise américaine *go ahead!* en avant! Vaillant pionnier de la science, il dépensa, pour lui ouvrir des horizons nouveaux, le meilleur de son temps et de ses forces.

Il est mort à la peine. Mais il nous laisse du moins — et dans notre profonde douleur cette pensée est presque une consolation — le bienfaisant exemple d'une vie consacrée tout entière au travail et à la recherche de la vérité.

(1) Rapport sur une observation de M. Laboulbène. *Bulletins de la Soc. anat.*, 1853, t. XXVIII, p. 379.



PARIS. — IMP. V. GOUPY ET JOURDAN, RUE DE RENNES, 71.

www.ingramcontent.com/pod-product-compliance
Lightning Source LLC
LaVergne TN
LVHW010336230826
846091LV00009B/3892

* 9 7 8 2 0 1 9 9 1 8 9 3 4 *